Bibliografische Information der Deutschen Nationalbibliothek:

Die Deutsche Bibliothek verzeichnet diese Publikation in der Deutschen National-
bibliografie; detaillierte bibliografische Daten sind im Internet über http://dnb.d-
nb.de/ abrufbar.

Impressum:

Copyright © 1992 GRIN Verlag, Open Publishing GmbH
Druck und Bindung: Books on Demand GmbH, Norderstedt Germany
ISBN: 978-3-668-12433-2

Kathrin Ellwardt

"Das Gastmahl des Belsazar" von Rembrandt van Rijn. Beschreibung, Analyse und Einordnung

GRIN Verlag

Philipps - Universität Marburg

Institut für Kunstgeschichte

Wintersemester 1991 / 92

Seminar: Rembrandt

Das Gastmahl des Belsazar

*

Ein Augenblick
am letzten Tag im Leben eines Königs

Bearbeiterin: Kathrin Ellwardt
8. Fachsemester

Studienfächer: Kunstgeschichte
Mittlere und Neuere Geschichte
Graphik und Malerei

Inhaltsverzeichnis

1 Einleitung   1
   1.1 Zur Forschungslage   2

2 Thema und Beschreibung   3
   2.1 Textgrundlage   3
   2.2 Bildbeschreibung   3

3 Werkimmanente Analyse   7
   3.1 Künstlerische Gestaltungsmittel   7
      3.1.1 Komposition   7
      3.1.2 Lichtführung   9
      3.1.3 Farbigkeit   10
      3.1.4 Maltechnik   12
   3.2 Die Dramatik des Augenblicks   13

4 Die Inschrift   15

Einordnung in Rembrandts Werk der 1630'er Jahre   17
   5.1 Die Kontroverse um die Datierung   17
   5.2 Stilistische Kriterien   17
   5.3 Die Figuren - ein "Ensemble vorgeprägter Typen"   19

6 Die Tradition des Bildthemas   21

7 Schluß   22

8 Anmerkungen   23

9 Verzeichnis der verwendeten Literatur   27
   9.1 Darstellungen   27
   9.2 Ausstellungskataloge   27

1. Einleitung

Rembrandts Gemälde "Das Gastmahl des Belsazar" (Öl auf Leinwand, 167 x 209 cm) befindet sich heute im Besitz der National Gallery in London. Seine Provenienz läßt sich nur bis ins 18. Jahrhundert zurückverfolgen: Im Jahre 1736 war es für die Sammlung des Earl of Derby angekauft worden, aus der es die National Gallery 1964 erwarb. Quellen aus der Entstehungszeit sind nicht überliefert, so daß über einen möglichen Auftraggeber oder Käufer nichts bekannt ist.

Im "Corpus of Rembrandt Paintings" des Rembrandt Research Project wird das Bild ohne die geringsten Zweifel als authentisches Werk eingeordnet und unter der Nummer A 110 geführt.[1] Da bei der Signatur die letzte Ziffer der Jahreszahl fehlt, sind als Entstehungszeitraum nur die 1630'er Jahre gesichert; nach einigen Kontroversen wird das Bild in der Forschung mittlerweile allgemein um 1635 datiert.

"Das Gastmahl des Belsazar" fügt sich ein in die Reihe der relativ großformatigen Historienbilder, die Rembrandt in den 1630'er Jahren in Amsterdam gemalt hat. Bildthema ist eine Szene aus dem Alten Testament (Dan.5): Der babylonische König Belsazar feiert mit seinen Gefolgsleuten ein Festmahl, in dessen Verlauf die von seinem Vater Nebukadnezar aus dem Tempel zu Jerusalem geraubten goldenen Gefäße als Trinkbecher mißbraucht werden. Plötzlich gewahrt Belsazar eine Hand, die in flammenden hebräischen Buchstaben eine verschlüsselte Inschrift an die Wand des Festsaales schreibt. Der König fährt auf, zu Tode erschrocken. Auf diesen dramatischen Höhepunkt konzentriert Rembrandt seine Darstellung. - Deuten wird die Inschrift erst der später herbeigerufene Prophet Daniel: Sie kündigt Belsazars Verderben an.

Der Zustand des Gemäldes ist allgemein gut. Allerdings ist es an allen vier Seiten beschnitten. Es fehlen jeweils schmale dreieckige Stücke, so daß sich das Bild heute leicht gegen den Uhrzeigersinn verdreht darbietet.

Die vorliegende Arbeit soll, abgesehen von einer Analyse des Bildes selbst, kontextuellen Fragestellungen nachgehen: Wie ist das Bild in Rembrandts Gesamtwerk einzuordnen? In welcher Tradition steht das Bildthema? Und nicht zuletzt: Wie kommt der Maler zu einer derartigen Darstellung der Inschrift?

1.1 Zur Forschungslage

In der älteren Forschung hat das Bild im allgemeinen wenig Beachtung gefunden, und wenn, dann kaum positive. Autoren wie Erwin Panofsky[2] oder Werner Weisbach[3] fanden keinen Gefallen an ihm. Erst nachdem es auf der Stockholmer Rembrandt-Ausstellung des Jahres 1956 gezeigt worden war, fand es stärkeres Interesse. Cornelius Müller-Hofstede[4] war der erste, der in seiner Besprechung eben dieser Ausstellung eine Lanze für das Bild brach. Werner Sumowski[5] brachte mit seiner Entdeckung der Signatur die Diskussion um die Datierung erneut in Gang; Reiner Haussherr[6] befaßte sich in einem Aufsatz aus dem Jahre 1963 mit der Form der hebräischen Inschrift. Daraus entwickelte sich weiterführend die Frage nach Rembrandts Kontakten zum Judentum; in diesem Zusammenhang erörtern Christian Tümpel[7] und Gary Schwartz[8] das Gemälde. Hans Kauffmann[9] widmete ihm 1977 einen Aufsatz.

Nach seiner Erwerbung durch die National Gallery ist das Bild restauriert und gründlich technisch untersucht worden. Die Ergebnisse dieser Untersuchungen sind dokumentiert einerseits im Katalog der Londoner Ausstellung "Art in the Making: Rembrandt" von 1988/89[10], andererseits im Corpus.

Zum Zeitpunkt der Entstehung dieser Arbeit befindet sich das Bild in der Ausstellung "Rembrandt. Der Meister und seine Werkstatt", die nacheinander in Berlin, Amsterdam und London gezeigt wird. Der Katalogbeitrag von Pieter van Thiel[11] beinhaltet im wesentlichen eine Zusammenfassung des Corpustextes.

2 Thema und Beschreibung

2.1 Textgrundlage

Das Gastmahl des Belsazar ist eine Begebenheit aus der Zeit des babylonischen Exils des jüdischen Volkes, die im 5. Kapitel des Buches Daniel berichtet wird. Belsazar, der König der Chaldäer, veranstaltete ein Gelage für die Mächtigen seines Reiches.

> "Und da er trunken war, hieß er die goldenen und silbernen Gefäße herbringen, die sein Vater Nebukadnezar aus dem Tempel zu Jerusalem weggenommen hatte, daß der König mit seinen Gewaltigen, mit seinen Weibern und mit seinen Kebsweibern daraus tränken. Also wurden hergebracht die goldenen Gefäße, die aus dem Tempel, aus dem Haus Gottes zu Jerusalem, genommen waren; und der König, seine Gewaltigen, seine Weiber und Kebsweiber tranken daraus. Und da sie so soffen, lobten sie die goldenen, silbernen, ehernen, eisernen, hölzernen und steinernen Götter. Eben zur selben Stunde gingen hervor Finger wie einer Menschenhand, die schrieben, gegenüber dem Leuchter, auf die getünchte Wand in dem königlichen Saal; und der König ward gewahr der Hand, die da schrieb. Da entfärbte sich der König, und seine Gedanken erschreckten ihn, daß ihm die Lenden schütterten und die Beine zitterten." (Dan.5,2-5)

Der König ließ daraufhin seine "Weisen, Chaldäer und Wahrsager" (Dan.5,6) rufen, doch keiner von ihnen konnte die geheimnisvolle Inschrift lesen und deuten. Auf Anraten der Königin holte man schließlich Daniel herbei, der für seine Weisheit bekannt war. Daniel erläuterte die Schrift wie folgt:

> "Das ist aber die Schrift, allda verzeichnet: **Mene, Mene, Tekel, U-pharsin.** Und sie bedeutet dies: **Mene,** das ist: Gott hat dein Königreich **gezählt** und vollendet. **Tekel,** das ist: man hat dich in einer Waage **gewogen** und zu leicht gefunden. Peres, das ist: dein Königreich ist **zerteilt** und den Medern und **Persern** gegeben." (Dan.5,25-28)

In derselben Nacht wurde Belsazar getötet, und der Meder Darius nahm das Reich ein.

2.2 Bildbeschreibung

Rembrandts Gemälde zeigt, einer Momentaufnahme gleich, den dramatischen Höhepunkt des Geschehens: Belsazar bemerkt die leuchtende Schrift, springt tödlich erschrocken auf und verfolgt gebannt die Bewegung der schreibenden Hand.

Der Raum, in dem das Fest stattfindet, ist höchstens angedeutet; die Personen, die etwa bis in Knielänge zu sehen
sind, bestimmen die Szene. Rembrandt bildet nur einen kleinen
Ausschnitt der Festgesellschaft ab - im Text ist von "tausend
Gewaltigen" die Rede (Dan.5,1) - der stellvertretend für die
Reaktionen aller Beteiligten steht. Dadurch daß die beiden Frau-
enfiguren vorn rechts und links vom Bildrand überschnitten werden, verstärkt sich noch der Eindruck des Ausschnitthaften.

Um einen schräg im Raum stehenden Tisch, dessen Platte
nur zum Teil sichtbar ist, gruppieren sich neben Belsazar vier
weitere Personen: drei Frauen und ein älterer Mann. Hinter diesem
ist im Halbdunkel das Gesicht einer Flötistin auszumachen.

Die Gestalt des Königs steht dominierend im Zentrum. Belsa-
zar ist aufgesprungen und starrt auf die an der Wand erscheinende
Schrift. Sein Körper ist frontal zu sehen; den Kopf hat er, um
über seine linke Schulter schauen zu können, so weit gedreht,
daß das Gesicht sich im Profil darbietet.[12] Die Drehung seines
Körpers veranschaulicht ebenso wie die weit ausgreifende
Geste seiner Arme die plötzliche Bewegung des Sich-Umwendens.
Sein linker Arm ist fast horizontal erhoben, so daß die zu seiner
Linken sitzende Frau gezwungen ist, abrupt zurückzuweichen.
Belsazars rechte Hand, mit der er sich abstützt, greift unkon-
trolliert und verkrampft auf den Deckel einer goldenen Schüssel,
die auf dem Tisch steht; dabei stößt er mit dem Ellenbogen
seinen Trinkbecher um.

Seiner königlichen Macht entsprechend trägt Belsazar kost-
bare Gewänder, die der Maler bis ins Detail schildert. Um
die Schultern des Königs liegt ein Umhang aus Goldbrokat mit
pelzverbrämten Rändern, vor der Brust zusammengehalten von einer
großen silbernen Schließe, die wie der Mantel selbst mit Edelsteinen besetzt ist. Von dieser hängt vor dem Leib im
Bogen eine schwere Juwelenkette herab. Das reich bestickte
Untergewand mit weiten Ärmeln ist in einem kühlen Grau gehalten.
Darüber ist eine Schärpe gebunden. Als Kopfbedeckung trägt er
einen hohen Turban, aus einer dünnen weißen Stoffbahn gewickelt,
deren Enden vom Hinterkopf herabhängen. Die auf den Turban
gesetzte Krone zeichnet Belsazar als König aus. Zusätzlich sind

weitere Juwelen an den Turban angesteckt, darunter ein größeres Schmuckstück mit einer pferdeschweifähnlichen Quaste, das seitlich am Hinterkopf befestigt ist. Von seinem Ohr baumelt ein Ohranhänger in der Form einer Mondsichel herab.

Belsazars Leibesfülle ist nicht unbeträchtlich. Sein schütterer Vollbart kann das prägnante Doppelkinn nicht verbergen. Rembrandt schildert den babylonischen Herrscher als einen Menschen, der nicht nur den Prunk liebt, sondern auch gut zu leben weiß.

Die vier anderen Personen am Tisch sind ebenfalls recht kostbar gekleidet, wenn auch nicht annähernd so prächtig wie der König. Die Frauen haben reichen Schmuck angelegt.

Die Frau im roten Kleid, die vorher zu Belsazars Linken gesessen hat, ist wie er aufgesprungen und muß vor der heftigen Bewegung seiner Hand zurückweichen, wobei sie den Wein aus ihrem Becher verschüttet. Die Figur ist in extremer perspektivischer Verkürzung dargestellt: sie hat ihren Oberkörper fast horizontal zur Seite gebeugt, so daß sie nahezu von oben zu sehen ist. Ihr Gesicht ist verdeckt. Bekleidet ist sie mit einem hellroten, tief ausgeschnittenen Kleid, das im Schulterbereich mit Goldornamenten bestickt ist. Ihr dunkelbraunes Haar hat sie hochgesteckt.

Rechts neben dem König sitzt eine junge Frau mit langen, offenen blonden Haaren und einem schwarzen Kleid.[13] Sie schreckt gleichfalls zurück und schlägt die Hände zusammen. Sie und der bärtige Mann neben ihr, von dem nur der Kopf zu sehen ist, starren Belsazar mit offenem Mund und weit aufgerissenen Augen an. Der Mann, der am hinteren Ende des Tisches sitzt, hat sich weit vorgebeugt, während die Frau sich zurücklehnt.

Die Tafelrunde beschließt vorn am linken Bildrand eine weitere Frau in einem schwarzen Kleid mit dunklen Haaren und einem Kopfschmuck aus Pfauenfedern, die als Halbfigur im Gegenlicht gezeigt wird. Sie sitzt in ruhiger Haltung und schaut zu den beiden Personen am hinteren Tischende; ihr Gesicht erscheint dadurch im verlorenen Profil.

Die drei letztgenannten Figuren sind im Bild hintereinandergestaffelt, so daß ihre Köpfe eine Dreiergruppe bilden. Dahinter, teilweise von den Pfauenfedern verdeckt, sind im Schatten Gesicht und linke Hand einer jungen Flötistin zu sehen, die noch ganz auf ihr Spiel konzentriert ist. Sie blickt eher unbestimmt in die Richtung des Betrachters und ist damit die einzige Figur, die aus dem Bild herausschaut.

Auf dem Tisch liegt eine graugrüne Tischdecke mit eingewebtem Muster; darauf drängen sich dicht an dicht eine Schale mit Früchten, eine große flache Goldschüssel mit Deckel, Teller und hingeworfene Bestecke.

Die Szene spielt sich vor einem dunklen Hintergrund ab, der durch einen schwer erkennbaren Vorhang gebildet wird. Der Raum ist nicht näher definiert; in welcher Entfernung vom Tisch die Rückwand zu lokalisieren ist, bleibt ungewiß. In der rechten oberen Ecke des Bildes erscheint über Belsazars ausgestrecktem linkem Arm die Inschrift in fünfzehn leuchtenden hebräischen Buchstaben, deren Licht nach den Seiten ausstrahlt, so daß sie in einer annähernd kreisförmigen aufgehellten Zone stehen. Die schreibende Hand streckt sich links davon, knapp über Belsazars Augenhöhe, aus einer Wolke heraus, fast wie aus einem Ärmel. Die Hand schreibt die Buchstaben mit dem Mittelfinger unmittelbar auf die Wand, der letzte ist noch nicht ganz vollendet.

Bei Betrachtung des Gemäldes muß ins Auge fallen, daß der Wein aus dem Becher der Frau im roten Kleid nicht senkrecht herausfließt und daß die Tischplatte leicht nach rechts ansteigt. Untersuchungen der Leinwand ergaben, daß zu irgendeinem Zeitpunkt an allen vier Seiten schmale keilförmige Stücke abgeschnitten worden sind und das Bild leicht gegen den Uhrzeigersinn verdreht wiederaufgezogen worden ist.[14] Pieter van Thiel bemerkt dazu:

> "Die Folge dieser Veränderungen ist, daß Belsazar weiter zurückgeneigt dasteht, als es in Rembrandts Absicht lag, und daß er vor den flammenden Lettern noch heftiger zurückzuweichen scheint. Denkbar ist, daß man diesen Effekt bewußt anstrebte."[15]

3 Werkimmanente Analyse

3.1 Künstlerische Gestaltungsmittel

3.1.1 Komposition

Die aufgerichtete Gestalt Belsazars, die genau in der Mittelachse steht, beherrscht die Bildkomposition. Durch sie wird das Bild gleichsam halbiert. In der rechten Hälfte befindet sich nur eine Figur, in der linken jedoch vier. Das Röntgenbild[16] beweist, daß hier ursprünglich noch eine fünfte vorgesehen war: über der blonden Frau, in dem Zwischenraum zwischen ihrem Kopf und dem Belsazars, ist der Kopf eines stehenden Mannes im Profil zu erkennen, der wie Belsazar auf die Inschrift geschaut hätte.

Die rechte Bildhälfte wird durch Belsazars ausgestreckten Arm in 2/3 der Höhe horizontal unterteilt: darunter die zurückweichende Gestalt der Frau im roten Kleid, darüber die Inschrift in ihrem Lichtkreis. Die Bildelemente sind in der rechten Hälfte fast ohne Überschneidungen nebeneinandergesetzt. Tiefe entsteht durch die perspektivische Verkürzung des Frauenkörpers und dadurch, daß das Licht, das von der Schrift ausgeht, eindeutig von hinten auf Belsazars Kopf und Arm fällt, aber es ist nicht auszumachen, wie weit die Wand, auf der die Inschrift steht, tatsächlich von Belsazar entfernt ist. Die schreibende Hand ist nur wenig kleiner als die Linke des Königs, aber da es sich nicht um die Hand eines menschlichen Wesens handelt, ist der Größenvergleich kein aussagefähiges Kriterium.

In der linken Bildhälfte sind die Figuren dagegen hintereinandergestaffelt und stark überschnitten: "Sonst herrscht ein Nebeneinander, Figur an Figur, hier kommt es zu Überschneidungen und zu nachdrücklicheren Distanzwirkungen. Der bärtige Alte und die jugendliche Frau verstärken den Tiefendrang, indem er sich vorlehnt und vorausspäht, während sie von Belsazar abprallt und zurückweicht."[17] Ein zusätzlicher Tiefenzug ergibt sich aus der Schrägstellung des Tisches.

Die Figuren links sind trotz der räumlichen Distanz, die realiter zwischen ihnen besteht, zu einer geschlossenen Gruppe zusammengefügt. Um die Masse der Festgäste zu repräsentieren, benötigt Rembrandt, so Kauffmann, "nur mehr eine Halbfigur neben einem Kopf und einem Brustbild mit Händen, trotz des Abstands unübersehbar dicht beisammen, so daß die Richtungsunterschiede und die verschiedenen Bewegungsgrade zu prägnanter Wirkung kommen."[18]

Belsazars Kopf und seine ausgebreiteten Arme mit dem darübeliegenden Mantel lassen sich in ein stumpfwinkliges Dreieck einschreiben, das nach links geneigt ist und abzurutschen scheint. Belsazars Körper steht schräg (auch dann noch, wenn man von der Drehung des Bildes absieht): die Mittelachse ist aus dem Gleichgewicht geraten und droht zu kippen - ebenso wie Belsazars Herrschaft...

Zentrum und Blickfang sind Belsazars Kopf und die silberne Mantelschließe, die sich ziemlich genau in der optischen Mitte des Bildformats befindet. Die Linien von Belsazars ausgestreckten Armen und die Mittelachse laufen hier zusammen, und auch die Blickrichtungen der Nebenfiguren treffen sich in diesem Bereich.

Die Qualität der Komposition stößt auf unterschiedliche Bewertungen. Die Autoren des Corpus beschreiben den Bildaufbau als außerordentlich inhomogen:

> "The composition, finally, has remarkably little homogeneity. The righthand female figure with foreshortening that creates a strong three-dimensional effect convincingly counterbalances the figure of Belshazzar (...), but the whole lefthand half of the picture makes, against this, a spatially rather flat and even confusing impression. The changes that, according to the X-ray, took place in this area did not produce a balanced result."[19]

Anderer Meinung ist Kauffmann - er beurteilt die Gesamtkomposition sehr viel positiver:

> "Im 'Gastmahl' schließt sich die ganze Gruppe, mit geringen Überschneidungen gestaffelt, zu einer umfassenden Bildfigur zusammen, geht, obwohl aufgesprengt, in einen Umriß ein: ein Akkord, Konzentration auf einen Geschehenskreis, in dem alle Personen engagiert sind. (...) Lebensgröße und nahes Gegenüber schaffen einen Grad von Gegenwärtigkeit, wie wenn wir zugegen wären und uns als miterlebende Zeugen fühlen dürften."[20]

Die Köpfe und Oberkörper der drei sitzenden Personen links formieren sich ebenso zu einem zur Mitte offenen Kreissegment wie Arme und Schultern der Frau rechts. Die Sitzfigur vorn links fungiert als statische Begrenzung, während die Figur ihr gegenüber geradezu in die äußerste Ecke des Bildes hineingeschleudert wird. Durch Belsazars heftige Bewegung wird die Runde aufgebrochen. An der Stirnseite des Tisches ist ein Platz freigeblieben: für den potentiellen Betrachter, der so in das Geschehen einbezogen wird.

Zusammenfassend urteilt Kauffmann:

> "Eine in bewunderungswürdiger Weise durchdachte Komposition, in der eines am anderen hängt, verleiht dem Belsazargastmahl seine bezwingende Eindruckskraft."[21]

Die Komposition verrät, ähnlich wie andere Werke Rembrandts aus den 1630'er Jahren, daß die Arbeit der Caravaggisten an ihm nicht spurlos vorübergegangen ist. Die Beschränkung auf einen Ausschnitt mit relativ wenigen Personen, deren sprechende Gestik, die vom Bildrand überschnittenen vorderen Figuren und die Darstellung als Kniestück weisen auf entsprechende Einflüsse hin.[22]

3.1.2 Lichtführung

Im Bibeltext heißt es: "... gingen hervor Finger wie einer Menschenhand, die schrieben, gegenüber dem Leuchter, auf die getünchte Wand in dem königlichen Saal..." (Dan.5,5). Der Textgrundlage folgend, verwendet Rembrandt zwei Lichtquellen:[23] zum einen die Schriftzeichen, deren Licht von rechts hinten auf die Figuren trifft, zum anderen eine Lichtquelle, die links außerhalb des Bildraumes anzusiedeln wäre. Das Licht, das von der Schrift ausgeht, läßt Belsazar und die beiden Frauen vorn fast im Gegenlicht erscheinen. Belsazars Mantel, sein Leib und Kopf, die Gesichter der beiden Personen am Ende des Tisches und die Arme der Frau in Rot werden zusätzlich von der anderen Seite beleuchtet. Die sitzende Frau vorn links erhält jedoch nur Gegenlicht; die zweite Lichtquelle trifft sie so gut wie nicht. Die Lichtführung wird also nicht konsequent durchgehalten: Die Lichtquelle links ist nicht eindeutig zu lokalisieren. Pieter van Thiel stellt lapidar fest: "Die beiden einander gegenüberliegenden Lichtquellen (...) gaben Rembrandt bei der Modellierung der Figuren und ihrer räumlichen Situierung Probleme auf."[24]

Je nach Einzelfigur wird das Licht anders eingesetzt. Die

Frau am linken Bildrand ist eine reine Gegenlichtfigur. Ihr Gegenüber vorn rechts wird nicht nur durch die ungewöhnliche Perspektive, sondern auch und gerade durch die Lichtführung in ihrer Körperlichkeit betont plastisch wiedergegeben. Auch sie steht im wesentlichen in dem von der Inschrift ausgehenden Lichtschein. Bei der Figur des Belsazar setzt der Maler besonders stark das Mittel der von hinten beleuchteten Kontur ein: die Linie entlang des Turbans, seines Profils und seines erhobenen Armes bietet vor dem dunklen Hintergrund den markantesten Hell-Dunkel-Kontrast des ganzen Bildes. Zusätzlich erhält Belsazar Licht von links, das auf den Goldornamenten des Mantels und der silbernen Schließe so reflektiert wird, daß die Reflexe den Betrachter geradezu blenden. Von links wird auch die Oberfläche des Tisches belichtet. Die junge Frau und der ältere Mann am Ende des Tisches bekommen quasi Licht von allen Seiten, daher wirken sie "ein wenig flach"[25], denn kräftige Lichtakzente und eine Modellation mit Licht und Schatten fehlen bei ihnen. Die Flötenspielerin steht gänzlich im tiefen Schatten und wird so weit in den Hintergrund gerückt.

Im Corpus wird diese komplizierte Lichtregie als ungewöhnlich für Rembrandts Werk der 1630'er Jahre bezeichnet:

> "While these two light sources have given rise to solutions to problems that cannot be regarded as typical of Rembrandt, they do on the other hand invite an extreme use of his penchant for reflexions of light. And finally, the use of two light sources is the reason for several concentrations of light being distributed over the picture area in a way that may be called untypical of Rembrandt in the mid-1630s."[26]

3.1.3 Farbigkeit

Verglichen mit anderen Werken aus der Mitte der Dreißiger Jahre[27] besitzt "Das Gastmahl des Belsazar" eine relativ kräftige Farbigkeit. Es dominieren Gelb- und Ockertöne in den beleuchteten Zonen, gebrochene Braun- und Grautöne in den Schattenbereichen.

Rembrandt arbeitet gezielt mit Kalt-Warm-Kontrasten verschiedener Grau- und Braunnuancen, im Hintergrund wie auf den Gewändern der Personen. Lichtreflexe werden mit Weiß und hellem Gelb aufgesetzt; sie stehen in starkem Kontrast zu den schwarzen Gewändern, den tiefdunklen Schatten und dem Hintergrund. Warme Farbtöne finden sich vor allem in den Lichtzonen. Das Inkarnat wird im Licht wie im Schatten in Ocker- und hellen Braunabstufungen ausgeführt; auf gesteigerte Plastizität durch kühle Schatten ist verzichtet worden. Der Hautton der Frauen ist im allgemeinen, aber nicht durchgängig, heller als der der Männer.

Abgesehen von dem Kleid der Frau rechts, das in einem warmen Hellrot gehalten ist, setzt Rembrandt Buntfarben nur sparsam ein. Belsazars Untergewand reflektiert an der linken Flanke schwach das Rot vom Kleid seiner Nachbarin. In der linken Bildhälfte ist die Farbe Rot hingegen überhaupt nicht verwendet worden. Reines Gelb findet sich z. B. in den Glanzlichtern auf Goldoberflächen; auch die hebräischen Schriftzeichen sind in Hellgelb ausgeführt. Blau kommt so gut wie nicht vor. Einige wenige klare Grüntöne tauchen bei den Edelsteinen auf Belsazars Mantel und Schmuck auf; die Tischdecke ist in einem stark gebrochenen bräunlichen Grün gehalten. Insgesamt herrschen jedoch Braun- und Grautöne in einem enormen Nuancenreichtum vor. Kühles Blaugrau und warmes Gelbbraun steigern sich durch ihr Nebeneinander.

Trotz alledem liegt über dem ganzen Bild ein düsterer Ton, verursacht von einer dunklen Untermalung, die durch die obere Farbschicht hindurchscheint.

Diese Beschreibung der Farbigkeit soll nur eine grobe Zusammenfassung darstellen. Detaillierte Erörterungen, auch zu den verwendeten Pigmenten und der Technik des Farbauftrages, finden sich im Corpus[28], basierend auf den von der National Gallery durchgeführten Analysen. Deren Ergebnisse sind zudem im Londoner Katalog "Art in the Making: Rembrandt" ausführlich dokumentiert.[29]

Dabei sind dem Gemälde insgesamt 13 Proben entnommen worden. Die Querschnitte durch die Farbschicht lassen in starker Vergrößerung allesamt die dunkle Untermalung erkennen, deren Pigmentzusammensetzung jedoch differiert. Daraus sei zu folgern, daß das Bild bereits komplett in gedämpften Brauntönen

angelegt gewesen sein müsse, bevor die endgültige, stärker
farbige Schicht aufgetragen worden sei:

> "These dark preliminary paint layers, which
> in all cases lie directly on the upper greyish ground, are
> so general in the picture that there must be a fairly
> complete composition laid out in sombre tones beneath the
> more colourful opaque paint of the flesh and drapery at the
> surface. In this case we can conceive of the underpainting
> as evidence of a fully realised 'dead-colouring' stage,
> created before the composition was worked up into its
> finished form, and involving what seems to be a painted
> sketch executed mainly in translucent browns."[30]

Nur im Bereich des Hintergrundes oben links und des
Tischtuches trete diese Schicht noch an die Oberfläche.

3.1.4 Maltechnik

Die maltechnische Ausführung des Bildes, so van Thiel,
"weist eine Reihe von Merkwürdigkeiten auf. (...) Die Unter-
schiede in der Pinselführung sind so groß, daß man sich optisch
fast keinen Reim mehr darauf machen kann und es schwerfällt,
sie einzuordnen."[31] So ist der Mantel Belsazars außerordentlich
detailliert ausgearbeitet, desgleichen die zahlreichen Schmuck-
stücke, übrigens auch die der Nebenfiguren. Das in groben
Pinselstrichen gemalte rote Kleid steht dazu in krassem Gegen-
satz. Wie stark die Behandlung der einzelnen Figuren bezüglich
der Lichtführung divergiert, ist bereits erörtert worden - die
Differenzen in der Technik des Farbauftrags sind gleicher-
maßen frappierend.

Die Farbschichten sind von Dunklen ins Helle aufgebracht;
ganz zum Schluß sind die gelbweißen Glanzlichter aufgesetzt
worden. In einigen Bereichen, am deutlichsten auf dem Umhang
des Königs, ist die Oberfläche geradezu reliefartig. Das
Gelbgrau, das den Lichtkranz der Schrift formt, ist hingegen
sehr dünn und lasierend aufgetragen und nach außen verwischt.

Die Gesichter sind eher grob gemalt. Die Einzelformen
werden entweder durch deutliche Hell-Dunkel-Kontraste klar
begrenzt, oder Rembrandt verwendet, was für ihn eigentlich
ungewöhnlich ist, dunkle Konturlinien, z. B. an Belsazars Kinn.

Die Verfasser des Corpus ziehen daraus den Schluß, daß dieses Bild im wesentlichen auf Fernwirkung abzielt:

> "... no. A 110 makes the impression of having been designed to produce a strong effect (and was perhaps meant to be viewed from a certain distance): the very forceful brushwork and the use of unmixed red and ochre yellow alongside each other, the use of glancing strokes of coarse paint and powerful accents of light are, it is true, not entirely lacking in Rembrandt's earlier work; but they have never been used before to such an extent. Remarkable in this context is the use of dark lines to show or strengthen contours... This seems in this painting to have to do with a strong urge to give every part of the composition a distinct boundary. He achieves this here quite consistently, either by a sharp contrast effect or by this outlining."[32]

Die Scharfstellung eines bestimmten Bereichs, der dadurch zum Zentrum des Bildes wird, und zunehmende Unschärfe zum Bildrand hin ist für Rembrandts Malweise eigentlich typisch. Beim "Gastmahl des Belsazar" liegt der Fokus genau dort, wo sich auch kompositorisch der Mittelpunkt ergibt: auf der Schließe und dem beleuchteten Teil des Mantels. Je weiter der Mantel über den Schultern im Schatten versinkt, desto summarischer ist er wiedergegeben. Die Nebenfiguren sind insgesamt weniger detailliert ausgearbeitet, aber von einer gleichmäßigen Abnahme der Schärfe von der Mitte zum Rand kann hier nicht die Rede sein.

Bei diesem Gemälde bezieht sich die Fokussierung nicht so sehr auf ein detailgenaues Abbilden der Oberflächenstrukturen, sondern vielmehr auf die Reflexe des Lichts, insbesondere auf dem fein verarbeiteten Edelmetall des reichen Schmuckes und auf den kleinteiligen Ornamenten des golddurchwirkten Mantels. Rembrandt beobachtet und verfolgt das Spiel des Lichtes auf dem Metall bis ins Kleinste. Bei allen Figuren, wie ungenau ihre Gesichter auch wiedergegeben sein mögen, sind die Juwelen derart präzise abgebildet.

3.2 Die Dramatik des Augenblicks

Auf den Bruchteil einer Sekunde hat Rembrandt die gesamte Erzählung konzentriert, die Bewegungen sozusagen eingefroren. Die von Gott gesandte Hand ist soeben dabei, den letzten Buchstaben der Inschrift zu vollenden. Belsazar ist mitten in einer plötzlichen Drehbewegung nach hinten begriffen. Sein Weinbecher stürzt um, und der Wein ergießt sich in breitem Strahl auf den Tisch. Ähnlich läuft der Wein aus dem Becher der Frau in Rot aus; sie selbst wird in dieser zur Seite gebeugten Haltung sicher nicht das Gleichgewicht bewahren können. Durch die Schärfe der Konturen läßt das Bild an eine mit sehr kurzer Belichtungszeit aufgenommene Fotografie denken.

Dadurch wird die Schreckensreaktion Belsazars aus der Bewegung heraus fixiert. Müller-Hofstede beschreibt:

> "Mit diesem Belsazar hat Rembrandt eine seiner gewaltigsten Affektfiguren geschaffen... In dem explosiven Aufflammen seines Schreckens, in dem Hochfahren und sich Umdrehen nach der Geistererscheinung, in der fast über die ganze Bildbreite ausfahrenden Geste, die ihm mit der Entfaltung des Prunkkostüms eine beherrschende Position verschafft, ist er von mitreißender Wirkung. Mitreißend schon als Ursache transitorischer Effekte, der gedeckte Tisch gerät mit umfallenden Gefäßen in Unordnung, die Anwesenden in ein wohldisponiertes Durcheinander, sie kippen um, rutschen ab, als sänken sie unter den Tisch, während der König emporfährt. Die ganze Kraft des malerischen Vortrags - zähflüssig, undurchsichtig und massiv - sammelt sich in der Gestalt des Belsazar."[33]

Belsazar ist der einzige, der die Schrift direkt sieht.[34] Die anderen Personen reagieren auf seine Reaktion. Die Frau rechts muß vor seiner Hand ausweichen; ihr Gesicht ist nicht zu sehen, aber anhand ihrer Kopfhaltung ist anzunehmen, daß sie auf Belsazars Gesicht schaut. Die beiden Personen am hinteren Ende des Tisches starren den König ebenfalls an, ihre Mimik verrät Schrecken und Überraschung. Die Frau vorn links sitzt hingegen ganz ruhig; sie schaut zu den beiden Figuren hinten, als wolle sie von ihnen erfahren, was geschehen sei. Die Flötistin im Hintergrund ist nach wie vor auf ihr Spiel konzentriert, ohne etwas wahrzunehmen.

> "Der Kulminationspunkt ist hier wiedergegeben, in dem die Stimmung sich verändert. Den einzelnen Figuren sind unterschiedliche Verhaltensweisen zugeordnet: Die einen reagieren schon auf die Schrift, die anderen nehmen diese Reaktion wahr, die dritten feiern noch."[35]

Die Kette der Blicke entspricht den unterschiedlichen Stadien der Reaktion. Nirgendwo gibt es eine Kontaktaufnahme auf Gegenseitigkeit zwischen zwei Personen - der Blick geht immer nur in _eine_ Richtung. Es gibt nur Fragen, keine Antworten.

Die Stringenz dieser linearen Kette von Blicken wäre weniger deutlich, hätte Rembrandt den stehenden Mann im Hintergrund, der auf der Röntgenaufnahme zu erkennen ist, im Bild belassen. Dieser steht nämlich parallel zu Belsazar und schaut wie dieser unmittelbar auf die Inschrift. So ist nur einer da, der die Schriftzeichen sieht: der, für den die Botschaft bestimmt ist.

Die Botschaft, die ihm das Ende seiner Herrschaft ankündigt. Auch wenn noch niemand der Anwesenden sie versteht, die dem Bild immanente Symbolik nimmt den Sturz bereits vorweg. Das Fest ist jäh unterbrochen, die Tafelrunde aufgesprengt. Der stehende Belsazar droht aus dem Gleichgewicht zu geraten und sucht auf dem Tisch nach einer Stütze. Seine Hand greift ausgerechnet nach einem der goldenen Gefäße, Zeichen seines Frevels. Der umkippende Kelch zeigt an, daß der Sturz nicht mehr aufzuhalten ist. "Kelch steht für Los, Schicksal, göttliche Prüfung. (...) Gleichnisse des Schicksals sind Belsazars Kelche (Pokale) in jäher Wendung begriffen: augenblicklich schlägt ein Menschenschicksal um."[36]

4 Die Inschrift

Die Botschaft, die die geheimnisvolle Hand in hebräischen Buchstaben[37] auf die Rückwand des Saales schreibt, ist verschlüsselt, und zwar so, daß die chaldäischen Weisen sie nicht entziffern können, während Daniel keine Mühe damit hat. In der üblichen Schreibweise von rechts nach links und mit Vokalen versehen lautet der Text:[38]

$$\text{מְנֵא תְּקֵל וּפַרְסִין}$$

In der auf dem Bild dargestellten Version ist die Inschrift jedoch von oben nach unten, rechts begonnen, zu lesen.

Rembrandts Momentaufnahme erfaßt den Zeitpunkt unmittelbar vor der Fertigstellung der Inschrift. Der letzte Buchstabe ist noch nicht vollendet: das Nun erhält am Wortende die Form ך mit einer Unterlänge, welche noch fehlt.

Das Röntgenfoto verrät, daß Rembrandt die Buchstabenformen mehrfach korrigiert hat. Die Schriftzeichen sind nicht gleich groß und stehen auch nicht exakt in der Zeile bzw. Spalte. Der Schlußbuchstabe war in einer früheren Fassung bereits fertig, wurde dann aber übermalt und näher an die Hand heran verschoben. Dabei ist dem Maler ein Fehler unterlaufen: anstelle eines Schluß-Nun (ן) hat der Buchstabe die Form eines Sayin (ז) erhalten.

Alles weist darauf hin, daß Rembrandt selbst der hebräischen Sprache nicht mächtig war. Er muß eine Vorlage benutzt haben. In der jüdischen Tradition (Talmud, Midrasch, Kabbala) wurden diverse Möglichkeiten der Verschlüsselung vorgeschlagen, desgleichen in christlichen Bibelkommentaren. Reiner Haussherr hat nur eine einzige literarische Quelle ausfindig machen können, die das Menetekel ausschließlich in der in Rembrandts Gemälde verwendeten Schreibweise von oben nach unten angibt: der 1639 erschienene Traktat "De termino vitae libri tres" des jüdischen Gelehrten Menasseh ben Israel (1604-1657). "Nur in Menassehs Büchlein ... ist sie die einzige Erklärung für die Unfähigkeit der Weisen, das Menetekel zu lesen. Allein von Menasseh ben Israel kann Rembrandt diese Form der Inschrift übernommen haben."[39]

Im Jahre 1639 erwarb Rembrandt sein Haus in der Amsterdamer Breestraat - schräg gegenüber von Menassehs Wohnhaus. Aus diesen beiden Fakten folgert Haussherr, daß das Belsazargastmahl erst in diesem Jahre entstanden sei.[40] Das Jahr 1639 als terminus post quem für die Entstehung des Gemäldes ist jedoch nicht zu halten. Schließlich hat Rembrandt bereits von 1632 bis 1636 in der Breestraat gewohnt, und er hat Menasseh mit Sicherheit schon früher kennengelernt, denn 1636 radierte er dessen Portrait. Es ist durchaus vorstellbar, auch wenn es dafür keinerlei Nachweise gibt, daß Rembrandt sich, wenn es um alttestamentliche Themen ging, mit diesem bedeutenden jüdischen Gelehrten in Verbindung gesetzt hat. Christian Tümpel nimmt das als sicher an:

> "Wenn er ⟨Rembrandt⟩ einmal ein schwieriges Thema aus diesem Bereich - sei es auf Grund eines Auftrags, sei es aus freien Stücken - behandelte, holte er sich bei Menasseh Rat. So wird Rembrandt sich, als er am Ende der dreißiger Jahre ⟨!⟩ ein erzählerisches Motiv aus dem apokalyptischen Buch Daniel behandelte, an Menasseh gewandt haben. (...) Er ⟨Menasseh⟩ war also nicht nur für die humanistisch ausgerichteten Gelehrten, sondern auch für den Künstler, der in der Nachfolge Lastmans großes Interesse an der Altertumskunde entwickelte, ein wichtiger Berater, der Wissen vermitteln und geheimnisvolle Bibelstellen deuten konnte."[41]

5 Einordnung in Rembrandts Werk der 1630'er Jahre

5.1 Die Kontroverse um die Datierung

Das Sujet des Bildes ist im Laufe der Forschungsgeschichte nie bestritten worden. Anders jedoch die Datierung, wie bereits angedeutet.

Das Gemälde ist am rechten Rand, oberhalb der Schulter der Frau, signiert und datiert: Rembrand[t] / f[ecit] 163[.].[42] Die letzte Ziffer der Jahreszahl ist zerstört, und da keinerlei schriftliche Quellen überliefert sind, ist eine genaue Datierung schwierig.

Vor Bekanntwerden der Signatur war das Belsazargastmahl zumeist um 1634/35 angesetzt worden.[43] Veröffentlicht hat die Signatur erstmals Werner Sumowski im Jahre 1956; aus stilistischen Vergleichen heraus nimmt er an, das Gemälde sei erst am Ende der dreißiger Jahre entstanden.[44] Haussherr hat sich, wie bereits angesprochen wurde, dieser Meinung angeschlossen; er datiert das Bild aufgrund von Rembrandts Bekanntschaft mit Menasseh auf 1639.

Jüngste technische Untersuchungen haben jedoch schlüssige Argumente geliefert, die dem widersprechen. Die Analyse des Bildträgers ergab, daß die Leinwand von derselben Rolle stammt wie die der "Minerva" von 1635 (Corpus A 114, Privatbesitz) und der Werkstattkopie von "Das Opfer Abrahams" von 1636 (Corpus A 108, copy 2; München, Alte Pinakothek).[45] Daraus und aus dem Vergleich mit anderen Arbeiten aus der Mitte der dreißiger Jahre folgern die Autoren des Corpus eine Datierung um 1635.

5.2 Stilistische Kriterien

Das Gemälde weist, was die Malweise betrifft, in sich erhebliche Ungleichmäßigkeiten auf. Dennoch wird es als gänzlich eigenhändiges Werk Rembrandts angesehen:

> "The lack of homogeneity in no. A 110 might prompt
> the thought that Rembrandt had the help of pupils in
> painting this canvas. There is however no convincing
> evidence of this being so, and the aberrant elements
> are found almost always, individually, to have such a

reasonable link with various authentic works from the same period that the idea must, for the moment, be discounted."[46]

Das "Gastmahl des Belsazar" fügt sich ein in eine Gruppe von Einzelbildnissen und Historien mit lebensgroßen Figuren "in fanciful costumes"[47], die alle um die Mitte der dreißiger Jahre zu datieren sind.

Die "Sophonisba" von 1634 (Corpus A 94; Madrid, Prado) und die "Minerva" weisen große Ähnlichkeiten mit dem "Belsazar" auf, insbesondere bezüglich der Darstellung der reichen Gewänder, der kostbaren Materialien und deren aufwendiger Verarbeitung:

"The treatment of the gold brocade and the way the jewels have been painted are virtually identical, while the manner of painting in, for instance, the tablecloth is wholly the same."[48]

Bei beiden Figuren ist auch das Motiv der freihängenden Kette wiederzufinden.

Männerfiguren in orientalischen Gewändern hat Rembrandt wiederholt gemalt - zu nennen wären beispielsweise die "Figur eines Orientalen, bekannt als 'The Noble Slaw'" von 1632 (Corpus A 48; New York, Metropolitan Museum of Art) oder der allerdings erst 1639 ausgeführte "Mann in orientalischer Kleidung" (Corpus A 128; Chatsworth). Bei dem "Brustbild eines Mannes in orientalischer Kleidung" von 1633 (Corpus A 73; München, Alte Pinakothek) ging Hofstede de Groot sogar so weit, es für eine Vorstudie zum "Belsazar" zu halten.[49] Dessen Kopf ist, wenn auch spiegelverkehrt, nahezu identisch mit dem Belsazars. Alle diese Figuren tragen reich ausgestaltete Gewänder, die zwar nicht an Belsazars königlichen Prunk heranreichen, aber von Gewandformen und Ausführung her den Seinen durchaus nahekommen. Orientalisch gekleidete Personen haben auch andere Künstler gemalt; das Bildthema scheint im 17. Jahrhundert so etwas wie eine Modeerscheinung gewesen zu sein.[50]

Unter den Historien sind "Das Opfer Abrahams" von 1635 (Corpus A 108; St. Petersburg, Eremitage) und "Die Blendung Samsons" (Corpus A 116; Frankfurt, Städel), die um 1636 angesiedelt wird, zu erwähnen. Wie im "Gastmahl des Belsazar" ist auch hier die Handlung auf einen dramatischen Höhepunkt konzentriert, dessen Flüchtigkeit zusätzlich durch die Darstellung fallender Gegenstände gesteigert wird: der Helm eines Soldaten im "Samson", Abrahams Messer, Belsazars Pokal.

Die Geste Abrahams mit weit ausgebreiteten Armen kommt der Belsazars recht nahe, ist jedoch weniger verkrampft. In Format und Ausführung, "which is obviously designed for viewing at a certain distance",[51] sind die beiden Werke sich recht ähnlich.

Alles in allem ist die Einordnung des "Belsazar" unter die Werke der Zeit um 1635 durch stilkritische Vergleiche ohne weiteres zu stützen. Kauffmann, der noch weitere Beispiele herangezogen hat, faßt zusammen:

> "Zusammengenommen legen diese Analogien die Schlußfolgerung nahe, daß das Belsazargastmahl, von Rembrandts Kunstweise der 1. Hälfte der 1630'er Jahre durchdrungen, schwerlich nach 1635/36 vollendet worden ist."[52]

Die Autoren des Corpus stellen fest:

> "The painting is exceptional in that it is so to say a sampler of problems that Rembrandt was struggling with at the time."[53]

Damit ist die ältere Einschätzung, wie sie z. B. Sumowski geäußert hat,[54] daß nämlich dieses Bild den Endpunkt und die Summe von Rembrandts 'barocker' Periode darstelle und somit an das Ende der dreißiger Jahre gehöre, wohl endgültig überholt.

5.3 Die Figuren – ein "Ensemble vorgeprägter Typen"

Als ein "Ensemble vorgeprägter Typen" bezeichnet Hans Kauffmann die Figuren im Bild: "... der Maler <schöpfte> aus einem Vorrat, ... jedesmal bereit zu variieren, indem er eine schon errungene Form für ein vergleichbares und doch wesensverschiedenes Bildthema aufs neue abtönte."[55] Haltung und Gestik der verschiedenen Personen lassen sich aus Vorbildern ableiten oder/und tauchen in völlig anderem Zusammenhang in anderen Werken Rembrandts in ähnlicher Form wieder auf. Nicht selten übernimmt er nur eine einzige Figur, eine einzige Geste und setzt sie für seine Zwecke ein.

Belsazars Haltung mit den ausgebreiteten Armen, die quasi über das ganze Bild hinweggreifen, besitzt vergleichbare

Parallelen in einer Reihe von Rembrandtgemälden - das "Opfer Abrahams" wurde schon genannt. Diese Geste ist jedoch nicht seine Erfindung:

> "Mit der aus der Antike stammenden vielverzweigten Tradition dieses Gestus (Italien) ist Rembrandt durch Pieter Lastman in Berührung gekommen."[56]

Kauffmann nennt als Beleg unter anderem Lastmans "Opfer des Manoah" von 1627 (Amsterdam, Rembrandthuis).[57] Die Gestalt des Manoah wird zwar mehr von der Seite gesehen, aber seine Armhaltung ist der Belsazars äußerst ähnlich.

Die Frauengestalt in der vorderen linken Ecke des Bildes, die als Gegenlichtfigur den Bildraum begrenzt, findet eine bemerkenswerte Entsprechung in der Madrider "Sophonisba" in der Figur der Dienerin, die den Giftbecher überbringt.[58] Kauffmann sieht hier die Spuren der Utrechter Caravaggisten:

> "Die stille Eckfigur zur Linken ... läßt die Sphäre der Utrechter Gesellschaftsbilder aufleben. Mit einer solchen Gestalt dem Bildgefüge Fassung und Halt zu geben, an ihrer Ruhe die Bewegtheit, an ihrer Schattigkeit die Blendkraft und das Spiel des Lichts ermessen zu lassen, ist Rembrandt in seinem ersten Schaffensjahrzehnt ein Anliegen gewesen."[59]

Noch nicht endgültig geklärt ist der Prototyp für die in extremer Verkürzung gesehene Frauenfigur im roten Kleid. Weisbach erwähnt in diesem Zusammenhang Rubens' Gemälde "Der Überfluß" (Paris, Sammlung Rothschild).[60] Den Autoren des Corpus erscheint es "more natural, on the grounds of style of painting and use of colour, to assume that Rembrandt was using a motif from North Italian art."[61] Für treffender als den Vergleich mit dem Rubensgemälde hält van Rijckevorsel den Bezug auf ein Werk von Paolo Veronese: "Der Raub der Europa" (um 1580; Venedig, Dogenpalast).[62] Ebenso leitet Kenneth Clark die Gestalt von Belsazars Nachbarin her:

> "She is clearly inspired by Venetian painting, and may have been taken direct from the woman helping Europa to keep her seat on the bull in Paul Veronese's picture in the Ducal Palace, known through a drawing or copy. No doubt Rembrand was impressed by this piece of foreshortening, executed withsuch easy skill..."[63]

Die Übereinstimmungen zwischen beiden Figuren sind frappierend, und es ist gar nicht so abwegig, daß Rembrandt Veroneses Gemälde gekannt haben soll. Vom "Raub der Europa" sind zahlreiche Kopien erstellt worden,[64] von denen eine sich zu Rembrandts Zeit in Amsterdam im Besitz des Joan Huydecoper befunden haben soll.[65]

6 Die Tradition des Bildthemas

Das Gastmahl des Belsazar war in der Malerei des 16. und 17. Jahrhunderts offenbar kein unübliches Thema.[66] Die Bildtradition ist umfassend. Haussherr stellt jedoch eine entscheidende Besonderheit in Rembrandts Version der Geschichte heraus:

> "Das Erschrecken über die göttliche Erscheinung ist auch in der Bildtradition Thema der Darstellung. Doch meist sieht man nur die Reaktion Belsazars und seiner Umgebung, die Inschrift, um die es in dem biblischen Bericht geht, fehlt oft."[67]

Kauffmann beschreibt mehrere frühere Beispiele, darunter das 1625 entstandene Belsazargastmahl von Pieter de Grebber (Kassel).[68]

Von Pieter Lastman ist eine lavierte Zeichnung erhalten, die um 1618/20 datiert wird und das Auftreten Daniels auf Belsazars Fest zum Inhalt hat.[69] Sie zeigt eine vielfigurige Szene; in der rechten Bildhälfte befinden sich Daniel und der sitzende Belsazar, wie ihre Gestik deutlich macht, in einem heftigen Dialog. Daniel weist auf die am Boden liegenden Gefäße. Nur ein Teil der Festgesellschaft nimmt jedoch Notiz von ihnen. Die Inschrift ist nicht abgebildet; das grelle Schlaglicht, das von links auf die Gruppe fällt, läßt vermuten, daß die Schrift in dieser Richtung zu lokalisieren wäre.

Die Gemälde, die die Belsazargeschichte darstellen, sind lt. Corpus in der Regel großformatig: "This makes one suspect that the scene had an exemplary significance in connexion with the decoration of a room." Es sind verschiedene Fälle nachweisbar, in denen "scenes of mythological and biblical meals with a moralizing meaning" als Dekoration von Eßzimmern ausgewählt wurden.[70] Das Belsazargastmahl galt als "Beispiel übler Freude, deren Ende Betrübnis ist."[71] Pieter van Thiel folgert daraus, auch Rembrandts Bild müsse für ein Eßzimmer gemalt worden sein.[72]

7 Schluß

Rembrandts "Gastmahl des Belsazar" läßt sich einerseits mühelos einordnen in die Reihe der Historiengemälde aus der Mitte der dreißiger Jahre, andererseits weist es allerlei Ungereimtheiten auf, die zum Teil bis heute nicht zufriedenstellend geklärt sind. Wie begründen sich die Inhomogenitäten in der Malweise, die von Figur zu Figur variierende Art der Darstellung? Für wen und zu welchem Zweck wurde das Bild gemalt- war es ein Auftragswerk, oder ist es sozusagen 'auf Vorrat' produziert worden?[73]

Das Gemälde ist lange Zeit kaum auf Beachtung gestoßen. Es ist, wie Müller-Hofstede formuliert, "kein Publikumsbild"[74]. Es ist kein Bild, das auf Anhieb gefällt, wohl aber eines, das beeindrucken kann. In der kunsthistorischen Literatur stößt es auf unterschiedlichste Bewertungen, die von völliger Ablehnung bis hin zu wahren Begeisterungsstürmen reichen. Was ein Autor dem Bild als Schwäche ankreidet, hebt der nächste als Vorzug hervor. "Das Gastmahl des Belsazar" wird wohl auch für die Zukunft noch einigen Stoff für Diskussionen bereithalten.

8 Anmerkungen

1   J. Bruyn, B. Haak, S. H. Levie, P. J. J. van Thiel,
    E. van de Wetering: A Corpus of Rembrandt Paintings.
    (Stitching Foundation Rembrandt Research Project). Bd.III
    (1635-1642) Den Haag / Boston / London 1989. S.124-133.

2   Erwin Panofsky: Rembrandt und das Judentum (1920). -In:
    Jahrbuch der Hamburger Kunstsammlungen 18 (1973), S.75-108.

3   Weisbach, Werner: Rembrandt. Berlin / Leipzig 1926.

4   Cornelius Müller-Hofstede: Die Rembrandt-Ausstellung in
    Stockholm. - In: Kunstchronik 9 (1956) 4, S.89-96.

5   Werner Sumowski: Eine Anmerkung zu Rembrandts Gastmahl
    des Belsazar. - In: Oud Holland 71 (1956), S.233.

6   Reiner Haussherr: Zur Menetekel-Inschrift auf Rembrandts
    Belsazarbild. - In: Oud Holland 78 (1963), S.142-149.

7   Christian Tümpel: Rembrandt. Reinbek b. Hamburg 1977.
    Ders.: Rembrandt - Mythos und Methode. Königstein / Ts. 1986.

8   Gary Schwartz: Rembrandt. Sämtliche Gemälde in Farbe. (1983).
    Darmstadt 1987.

9   Hans Kauffmann: Rembrandts "Belsazar". - In: Festschrift
    für Wolfgang Braunfels zum 65. Geburtstag. Hrsg. v.
    Friedrich Piel u. Jörg Traeger. Tübingen 1977. S.167-176.

10 Kat. d. Ausst. "Art in the Making: Rembrandt." Hrsg. v.
    David Bomford, Christopher Brown u. Ashok Roy. London 1988.
    S.74-79.

11 Kat. d. Ausst. "Rembrandt. Der Meister und seine Werkstatt."
    (Berlin / Amsterdam / London 1991/92). Bd.I: Gemälde.
    Hrsg. v. Christopher Brown, Jan Kelch und Pieter van Thiel.
    München / Paris / London 1991. S.184-187.

12 Weisbach unterstellte 1926, Belsazars Profil trüge "die
    markanten ordinären jüdischen Züge eines damals öfter von
    ihm <Rembrandt> verwendeten Modellkopfes." S.188.

13 Panofsky deutet die Frau links neben Belsazar als "das
    helle Gesicht der Saskia van Uylenburgh, der jugendlichen
    Gattin des Künstlers" (S.87) - eine Meinung, die in der
    heutigen Forschung völlig verschwunden ist und wohl keiner
    weiteren Erörterung bedarf.

14 "The second important point about the canvas of Belshazzar's
    Feast is that at some stage, narrow wedge-shaped
    pieces have been cut from all four sides, perhaps during
    lining. This was detected by study of the cusping, which
    becomes progressively shallower along each side,
    and by measuring the widths of each canvas piece, wchich
    differ at top and bottom." Kat. London, S.76. - Rekonstruk-
    tionen des ursprünglichen Zustandes im Corpus S.132, im
    Kat. Berlin/Amsterdam/London S.184.

15 Kat. Berlin/Amsterdam/London S.184.

16 Abb. des Röntgenbildes im Corpus S.125, im Kat. London S.77.

18 Kauffmann S.171.

19   Corpus Bd.III S.130.

20   Kauffmann S.170.

21   Ebd. S.171.

22   "As a type the composition, with its large kneelength figures seen close to in a narrow framing may be called Caravaggesque in charakter." Corpus Bd.III S.130.

23   Kauffmanns Beobachtung, es gäbe "kein zweites Licht" außer der Inschrift (S.169), ist schlichtweg falsch.

24   Kat. Berlin/Amsterdam/London S.186.

25   Ebd.

26   Corpus Bd.III S.130.

27   z. B. "Der Raub des Ganymed" von 1635 (Corpus A 113; Dresden, Gemäldegalerie), "Der Fahnenträger" von 1636 (Corpus A 120; Paris, Privatsammlung).

28   Corpus Bd.III S.127f.

29   Kat. London S.76-79.

30   Ebd. S.76.

31   Kat. Berlin/Amsterdam/London S.184.

32   Corpus Bd.III S.130.

33   Müller-Hofstede S.90.

34   Für die Frau in Rot müßte die Inschrift durch seine Hand verdeckt sein. - S. auch Kauffmann S.169.

35   Tümpel 1986, S.163.

36   Kauffmann S.173.

37   Schwartz (S.175) und Haussherr (S.147) äußern die Ansicht, die Inschrift sei in aramäischer Sprache geschrieben - mangels Sprachkenntnissen kann ich dies nicht überprüfen.

38   Nach Haussherr S.146.

39   Ebd. S.148.

40   "Wenn auch eine frühere Bekanntschaft des Malers mit dem jüdischen Gelehrten nicht ausgeschlossen werden kann, so wird man doch die Vorstellung nicht von der Hand zu weisen brauchen, daß das Gastmahl des Belsazar entstand, als die beiden in enger Nachbarschaft wohnten und Menasseh an 'De termino vitae' schrieb oder es gerade vollendet hatte - also 1639." Ebd. S.149.

41   Tümpel 1977, S.74f. - Tümpels Argumentation ist zwar etwas zu positivistisch, aber andererseits auch nicht zu widerlegen.

42   Laut Katalog Berlin/Amsterdam/London S.184 ist die Signatur nur noch im ultravioletten Licht lesbar.

43   Cornelis Hofstede de Groot: Beschreibendes und kritisches Verzeichnis der Werke der hervorragendsten holländischen Maler des 17. Jahrhunderts. Eßlingen 1915 / London 1916. Bd.VI S.34 (Nr.52).

44   Sumowski S.233.

45   "Because of the comparable density of the weave and the
      presence of the weaving fault already mentioned it can
      safely be assumed that the canvas of no. A 110 is from the
      same bolt as those of the Minerva (no. A 114) and the
      Munich copy of Abraham's sacrifice (no. A 108, copy 2)."
      Corpus Bd.III, S.125. - Entsprechend Kat. London S.74f.

46   Corpus Bd.III S.131.

47   Ebd. S.128.

48   Ebd.

49   "Das Brustbild eines Türken in München <=Corpus A 73> ...
      ist vielleicht eine Vorstudie zu dem Bild." Hofstede
      de Groot Bd.VI S.34.

50   "Gemälde dieser Art sind also keine Portraits in den
      Norden abgewanderter Orientalen, sondern offensichtlich
      damals gut verkäufliche Quasi-Portraits interessanter,
      exotischer Figuren, für die verkleidete Landsleute mit
      martialischem Äußeren Modell standen." Kat. Berlin/Amster-
      dam/London S.148.

51   Corpus Bd.III S.103.

52   Kauffmann S.171.

53   Corpus Bd.III S.131.

54   "Im 'Belsazar' zieht Rembrandt die Summe seiner künstleri-
      schen Bestrebungen der ersten Amsterdamer Periode. Diese
      'Zusammenfassung' müsste logischerweise am Ende des Jahr-
      zehnts erfolgt sein. Die kostbare substanzreiche, den
      Oberflächen der Nachtwache schon sehr verwandte Malstruktur
      des Bildes fordert jedenfalls eine spätere Einordnung, als
      bisher üblich." Sumowski S.233.

55   Kauffmann S.171.

56   Ebd. S.170.

57   Kat. d. Ausst. "Pieter Lastman - leermeester van Rembrandt /
      the man who taught Rembrandt". (Amsterdam 1992).
      Hrsg. v. Astrid Tümpel u. Peter Schatborn. Zwolle 1992. S. 128f.

58   Corpus Bd.II (1986) S.508.

59   Kauffmann S.171.

60   Weisbach konstatiert dies fast enttäuscht: "Die so recht
      als Bravourleistung hingesetzte Rückenansicht der in ihrem
      Schrecken die Schale verschüttenden Frau erweist sich als
      barockes Allgemeingut und hat Parallelen in anderen zeit-
      genössischen Werken; eine ähnliche Figur ist z. B. die Frau
      ganz rechts auf Rubens' Gemälde 'Der Überfluß'." Weisbach
      S.188. - Auch Kauffmann (S.171) bemerkt bei ihr einen
      "Schuß rubensscher Wölbungen".

61   Corpus Bd.III S.130.

62   J. L. A. A. M. van Rijckevorsel: Rembrandt en de Traditie.
      Rotterdam 1932, S.129.

63   Kenneth Clark: Rembrandt and the Italian Renaissance.
      London 1966. S.108.

64 "Fa fede del successo dell'opera il numero eccezionale di repliche e copie..." Terisio Pignatti: Veronese. Venezia 1976. Bd.I s.90.

65 Tümpel 1986, S.163; Schwartz S.138.

66 Gary Schwartz sieht das anders: "Dieses Thema wurde in der holländischen Kunst selten behandelt, doch in der Breestraat ist es nicht unbekannt: Bei der Versteigerung von Cornelis van der Voorts Eigentum am 13. Mai 1625 wurde 'Ein großes Gemälde von Belsazar' von dem Maler François van Uffelen erworben. Die Episode war als Schauspiel in den südlichen Niederlanden ab 1591 auf die Bühne gebracht worden, doch meines Wissens nicht im Norden." Schwartz S.174.

67 Haussherr S.142.

68 Kauffmann S.168f.

69 Kat. Lastman S.170f.

70 Corpus Bd.III S.132.

71 Coornhert 1586, zit. nach: Kat. Berlin/Amsterdam/London S.186.

72 Ebd.

73 Haussherr vermutet den Auftraggeber "im Kreis der gelehrten Juden Amsterdams", hält aber auch die zweite Möglichkeit für denkbar. Haussherr S.148f.

74 Müller-Hofstede S.90.

9 Verzeichnis der verwendeten Literatur

9.1 Darstellungen

BRUYN, J.; HAAK, B.; LEVIE, S.H., van THIEL, P.J.J.; van de WETERING, E.: A Corpus of Rembrandt Paintings. (Stitching Foundation Rembrandt Research Project). Den Haag / Boston / London. Bd.II (1631-1634) 1986, Bd.III (1635-1642) 1989.

CLARK, Kenneth: Rembrandt and the Italian Renaissance. London 1966.

HAUSSHERR, Reiner: Zur Menetekel-Inschrift auf Rembrandts Belsazarbild. - In: Oud Holland 78 (1963), S.142-149.

HOFSTEDE de GROOT, Cornelis: Beschreibendes und kritisches Verzeichnis der Werke der hervorragendsten holländischen Maler des 17. Jahrhunderts. Bd.VI: Rembrandt. Eßlingen 1915 / London 1916.

KAUFFMANN, Hans: Rembrandts "Belsazar". - In: Festschrift für Wolfgang Braunfels zum 65. Geburtstag. Hrsg. v. Friedrich PIEL u. Jörg TRAEGER. Tübingen 1977. S.167-176.

MÜLLER-HOFSTEDE, Cornelius: Die Rembrandt-Ausstellung in Stockholm. - In: Kunstchronik 9 (1956) 4, S.89-96.

PANOFSKY, Erwin: Rembrandt und das Judentum. (1920). - In: Jahrbuch der Hamburger Kunstsammlungen 18 (1973), S.75-108.

PIGNATTI, Terisio: Veronese. 2 Bde. Venezia 1976.

van RIJCKEVORSEL, J.L.A.A.M.: Rembrandt en de Traditie. Rotterdam 1932.

SCHWARTZ, Gary: Rembrandt. Sämtliche Gemälde in Farbe. (1983). Darmstadt 1987.

SUMOWSKI, Werner: Eine Anmerkung zu Rembrandts Gastmahl des Belsazar. - In: Oud Holland 71 (1956), S.233.

TÜMPEL, Christian: Rembrandt. Reinbek b. Hamburg 1977.

- Ders.: Rembrandt - Mythos und Methode. Königstein / Ts. 1986.

WEISBACH, Werner: Rembrandt. Berlin / Leipzig 1926.

9.2 Ausstellungskataloge

"Art in the Making: Rembrandt." (London 1988/89). Hrsg. v. David BOMFORD, Christopher BROWN und Ashok ROY. London 1988.

"Rembrandt. Der Meister und seine Werkstatt." (Berlin 1991 / Amsterdam 1991/92 / London 1992). Bd.I: Gemälde. Hrsg. v. Christopher BROWN, Jan KELCH und Pieter van THIEL. München / Paris / London 1991.

"Pieter Lastman - leermeester van Rembrandt / the man who taught Rembrandt". (Amsterdam 1992). Hrsg. v. Astrid TÜMPEL und Peter SCHATBORN. Zwolle 1992.

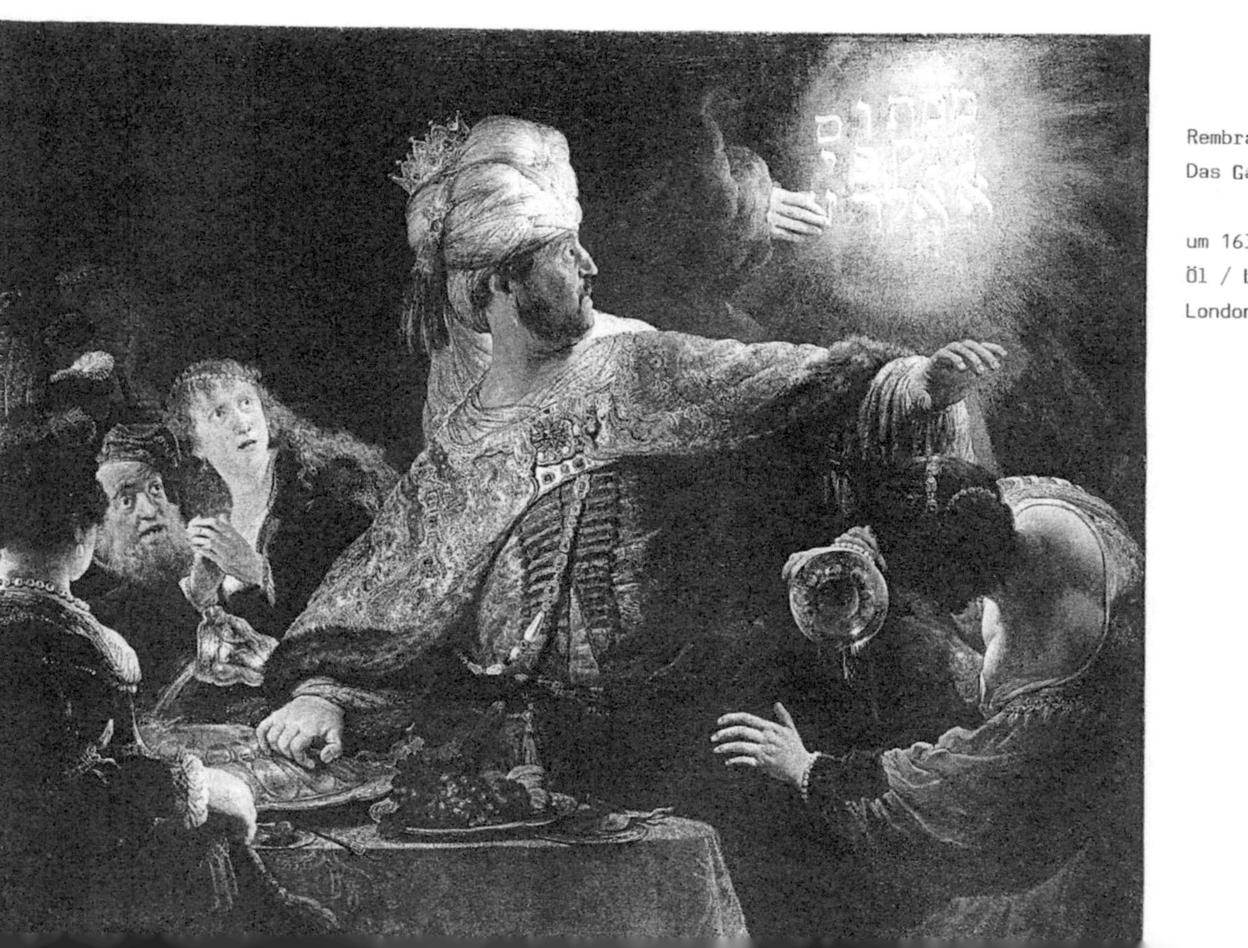

Rembrandt Harmensz. van Rijn:
Das Gastmahl des Belsazar

um 1635
Öl / Lwd., 167 x 209 cm
London, National Gallery

BEI GRIN MACHT SICH IHR WISSEN BEZAHLT

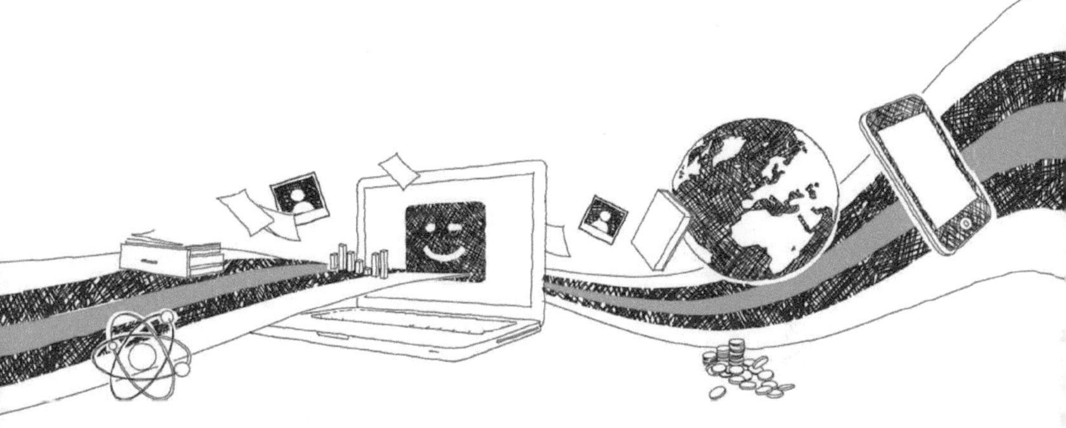

- Wir veröffentlichen Ihre Hausarbeit,
  Bachelor- und Masterarbeit

- Ihr eigenes eBook und Buch -
  weltweit in allen wichtigen Shops

- Verdienen Sie an jedem Verkauf

Jetzt bei www.GRIN.com hochladen und kostenlos publizieren

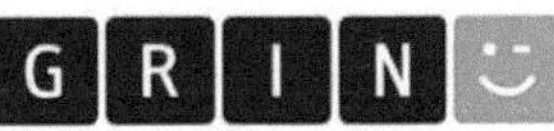